Black Roses And Other Bilingual German-English Stories for German Language Learners

Pomme Bilingual

Published by Pomme Bilingual, 2024.

While every precaution has been taken in the preparation of this book, the publisher assumes no responsibility for errors or omissions, or for damages resulting from the use of the information contained herein.

BLACK ROSES AND OTHER BILINGUAL GERMAN-ENGLISH STORIES FOR GERMAN LANGUAGE LEARNERS

First edition. December 11, 2024.

Copyright © 2024 Pomme Bilingual.

ISBN: 979-8227529923

Written by Pomme Bilingual.

Table of Contents

Der Schatten von Ulm...1

The Shadow of Ulm...5

Tödlicher Wein...9

Deadly Wine...13

Der letzte Zug nach Hamburg.....................................17

The Last Train to Hamburg.......................................21

Der Fall Dornröschen..25

The Sleeping Beauty Case..29

Mord im Schwarzwald...33

Murder in the Black Forest......................................37

Das letzte Wort...41

The Last Word...45

Der Maler von München...49

The Painter of Munich...53

Schwarze Rosen..57

Black Roses...61

Der Schatten von Ulm

Es war ein regnerischer Nachmittag, als Anna Herrmann zum ersten Mal das Tagebuch entdeckte. Die Historikerin hatte den Nachmittag in der kleinen, versteckten Bibliothek der Stadt Ulm verbracht, vertieft in Recherchen über das Leben im 19. Jahrhundert. Zwischen den staubigen Regalen, in einer Ecke, die lange niemand mehr betreten zu haben schien, fand sie das unscheinbare Buch. Der Ledereinband war brüchig, die Seiten vergilbt, und die Schrift darauf kaum lesbar: *Tagebuch von Clara H., 1852.*

Anna zögerte nicht lange und öffnete das Buch. Die ersten Einträge waren harmlos—Beschreibungen des Alltagslebens, des Wetters, und der Besuche im Ulmer Münster. Doch je weiter sie las, desto dunkler wurden die Worte. Ein Satz stach ihr besonders ins Auge:

„Ich weiß, was geschehen ist, aber ich kann niemandem davon erzählen. Wenn die Wahrheit herauskommt, werden Leben zerstört."

Am nächsten Tag eilte Anna mit dem Tagebuch zu Professor Friedrich Scholl, ihrem ehemaligen Mentor und einem angesehenen Experten für Ulmer Geschichte. Er blätterte langsam durch die Seiten und runzelte die Stirn.

„Interessant", murmelte er. „Clara H. war die Tochter eines wohlhabenden Kaufmanns hier in Ulm. Sie wurde später bekannt für ihre wohltätigen Werke, aber über ihr Privatleben ist wenig bekannt. Wo haben Sie das gefunden?"

„In der Bibliothek", erklärte Anna. „Es scheint, als hätte sie etwas Schreckliches gewusst. Es könnte ein Mord gewesen sein."

Scholl nickte nachdenklich. „Sie sollten weiterforschen, Frau Herrmann. Vielleicht finden Sie in den Stadtarchiven mehr Hinweise."

Anna kehrte in die Bibliothek zurück, wo sie dem Bibliothekar Lukas Heine begegnete. Er war ein stiller, aber charismatischer Mann, dessen Wissen über Ulms Geschichte beeindruckend war. Als sie ihm von dem Tagebuch erzählte, zeigte er ungewöhnliches Interesse.

„Clara H.", sagte er leise. „Ihr Name taucht in einigen alten Gerichtsakten auf, die ich kürzlich sortiert habe. Es scheint, als hätte sie als Zeugin in einem Prozess ausgesagt, der nie abgeschlossen wurde."

„Was für ein Prozess?" fragte Anna aufgeregt.

„Ein Mordprozess", antwortete Lukas und seine Augen funkelten. „Es ging um den Tod eines jungen Mannes, dessen Leiche in den Kanälen nahe dem Münster gefunden wurde."

Mit Lukas' Hilfe begann Anna, alte Akten und Zeitungsartikel durchzusehen. Sie entdeckte, dass Clara H. in ihrer Jugend heimlich verlobt gewesen war—mit einem jungen Mann namens Johann Meier. Ihre Liebe war jedoch von Claras Vater verboten worden, der Johann für nicht standesgemäß hielt. Kurz darauf wurde Johann tot aufgefunden, und die Polizei verdächtigte zunächst einen Räuber. Doch Clara wusste offenbar mehr.

Ein weiterer Eintrag im Tagebuch bestätigte Annas Verdacht:

„Mein Vater... es war nicht seine Absicht, ihn zu töten. Aber der Streit geriet außer Kontrolle. Er hat versucht, es zu vertuschen, doch ich kann damit nicht leben."

Anna war fassungslos. Die Geschichte von Clara H. war nicht nur ein Fenster in die Vergangenheit, sondern auch ein düsterer Spiegel ihrer eigenen Familie. Sie fand heraus, dass Claras Vater, Heinrich H., ein direkter Vorfahre ihrer Familie war. Die dunklen Geheimnisse der Vergangenheit hatten ihre Wurzeln tief in Annas eigener Geschichte.

Während sie auf den Straßen Ulms spazieren ging, vorbei am majestätischen Münster und den engen Gassen, fühlte sie eine seltsame Verbindung zu Clara. Die Wahrheit war schmerzhaft, aber Anna wusste, dass es ihre Aufgabe war, sie ans Licht zu bringen.

In einer wissenschaftlichen Publikation teilte sie ihre Entdeckungen mit der Welt, ohne jedoch die Namen der Beteiligten preiszugeben. Das Tagebuch von Clara H. übergab sie schließlich der Bibliothek, wo Lukas Heine es sorgfältig in einem Archiv aufbewahrte.

„Die Vergangenheit hat eine Art, uns zu finden", sagte Lukas, als Anna sich verabschiedete. „Und manchmal zeigt sie uns, wer wir wirklich sind."

Anna nickte. Sie verließ die Bibliothek mit einem neuen Verständnis ihrer Geschichte und der Gewissheit, dass die Schatten der Vergangenheit nicht immer nur Dunkelheit bringen—sondern auch Licht.

The Shadow of Ulm

I t was a rainy afternoon when Anna Herrmann discovered the diary for the first time. The historian had spent the afternoon in the small, hidden library of the city of Ulm, immersed in research about life in the 19th century. Among the dusty shelves, in a corner that seemed to have been untouched for a long time, she found the unremarkable book. The leather cover was brittle, the pages yellowed, and the writing barely legible: *Diary of Clara H., 1852.*

Anna did not hesitate and opened the book. The first entries were harmless—descriptions of daily life, the weather, and visits to the Ulm Minster. But the further she read, the darker the words became. One sentence especially caught her eye:

"I know what happened, but I cannot tell anyone. If the truth comes out, lives will be destroyed."

The next day, Anna rushed to Professor Friedrich Scholl, her former mentor and a respected expert on Ulm's history. He slowly flipped through the pages, furrowing his brow.

"Interesting," he murmured. "Clara H. was the daughter of a wealthy merchant here in Ulm. She later became known for her charitable works, but little is known about her private life. Where did you find this?"

"In the library," Anna explained. "It seems she knew something terrible. It could have been a murder."

Scholl nodded thoughtfully. "You should keep researching, Frau Herrmann. Maybe you'll find more clues in the city archives."

Anna returned to the library, where she met the librarian, Lukas Heine. He was a quiet, yet charismatic man whose knowledge of Ulm's history was impressive. When she told him about the diary, he showed an unusual interest.

"Clara H.," he said quietly. "Her name appears in some old court records I recently sorted through. It seems she testified as a witness in a trial that was never completed."

"What kind of trial?" Anna asked excitedly.

"A murder trial," Lukas replied, his eyes sparkling. "It concerned the death of a young man whose body was found in the canals near the Minster."

With Lukas' help, Anna began reviewing old records and newspaper articles. She discovered that Clara H. had been secretly engaged in her youth—to a young man named Johann Meier. However, her father had forbidden the relationship, deeming Johann unsuitable. Shortly afterward, Johann was found dead, and the police initially suspected a robber. But Clara evidently knew more.

Another entry in the diary confirmed Anna's suspicion:

"My father... it was not his intention to kill him. But the argument got out of control. He tried to cover it up, but I can't live with that."

Anna was stunned. Clara H.'s story was not only a window into the past but also a dark mirror of her own family. She discovered that Clara's father, Heinrich H., was a direct ancestor of her family. The dark secrets of the past had deep roots in Anna's own history.

As she walked the streets of Ulm, past the majestic Minster and the narrow alleys, she felt a strange connection to Clara. The truth was painful, but Anna knew it was her duty to bring it to light.

In a scholarly publication, she shared her discoveries with the world, though she never revealed the names of those involved. She eventually entrusted Clara H.'s diary to the library, where Lukas Heine carefully stored it in an archive.

"The past has a way of finding us," Lukas said as Anna said her goodbyes. "And sometimes it shows us who we really are."

Anna nodded. She left the library with a new understanding of her history and the certainty that the shadows of the past do not always bring only darkness—but also light.

Tödlicher Wein

In den sanften Hügeln des Rheintals, umgeben von endlosen Reihen von Rebstöcken, lag das Weingut Müller, ein idyllisches Familienunternehmen, das für seine erlesenen Weine bekannt war. Klara Müller, die resolute und charmante Matriarchin, hatte ihr Leben der Kunst des Weinmachens gewidmet. Ihre harte Arbeit wurde kürzlich belohnt, als ihr Riesling den renommierten *Goldenen Rebstock* gewann, die höchste Auszeichnung der Region. Doch wenige Tage nach der Preisverleihung wurde sie tot in ihrem Weinkeller aufgefunden.

Grete Sommer, eine pensionierte Lehrerin und langjährige Freundin der Familie Müller, war erschüttert, als sie von Klaras Tod erfuhr. Die offizielle Erklärung lautete „natürliche Ursachen", aber Grete war skeptisch. Klara war bei guter Gesundheit gewesen, und die Umstände ihres Todes – allein im Keller, eine zerbrochene Weinflasche neben ihr – kamen ihr merkwürdig vor.

„Es passt einfach nicht", sagte sie zu Markus Müller, Klaras Sohn, als sie ihn auf dem Weingut besuchte. Markus, ein ernster Mann Anfang fünfzig, schien den Schock noch nicht verarbeitet zu haben.

„Ich weiß, Grete", murmelte er. „Aber wer würde meiner Mutter etwas antun wollen? Sie war von allen geliebt."

Grete hob eine Augenbraue. „Von allen? Wirklich? Was ist mit den anderen Winzern? Oder den Verwandten, die sich vielleicht Hoffnungen auf das Erbe gemacht haben?"

Grete begann diskret, Nachforschungen anzustellen. Sie sprach mit den anderen Winzern, die am Wettbewerb teilgenommen hatten. Besonders ein Name fiel ihr auf: Heinrich Krüger, ein aufstrebender Winzer, der schon oft knapp gegen Klara verloren hatte.

„Heinrich war wütend, als er die Preisverleihung verließ", erzählte ihr eine Bekannte. „Er hat etwas gemurmelt wie: ‚Dieses Mal hätte es mein Jahr sein sollen.'"

Grete beschloss, Heinrich zu besuchen. Sie fand ihn in seinem Weinkeller, wo er energisch Fässer prüfte. „Frau Sommer", sagte er, als sie sich vorstellte. „Ein trauriger Verlust für die Region. Klara war eine große Künstlerin des Weins."

Seine Worte klangen ehrlich, aber Grete konnte ein nervöses Zucken in seinen Händen nicht übersehen. „Was haben Sie am Abend vor ihrem Tod gemacht?" fragte sie beiläufig.

„Ich war hier, wie immer", antwortete er schnell. „Meine Arbeit wartet nicht."

Zurück auf dem Weingut Müller hörte Grete, wie Markus laut mit jemandem stritt. Als sie näher kam, erkannte sie Tobias Kern, den örtlichen Polizisten.

„Warum wird nichts unternommen?" rief Markus. „Meine Mutter stirbt unter mysteriösen Umständen, und Sie tun gar nichts!"

Tobias, ein junger Polizist mit freundlichem Gesicht, seufzte. „Es gibt keine Beweise für ein Verbrechen, Herr Müller. Ohne Beweise kann ich nicht einfach ermitteln."

Grete mischte sich ein. „Vielleicht sollten wir nach Beweisen suchen. Haben Sie die zerbrochene Flasche untersucht?"

Tobias schaute sie überrascht an. „Die Flasche? Nein, sie wurde entsorgt."

Grete runzelte die Stirn. „Das war ein Fehler. Sie könnte entscheidende Hinweise enthalten haben."

Entschlossen, die Wahrheit ans Licht zu bringen, begab sich Grete selbst in den Weinkeller. Zwischen den Regalen bemerkte sie feine Kratzer auf dem Boden – Spuren, die darauf hindeuteten, dass etwas Schweres verschoben worden war. In einer dunklen Ecke fand sie eine kleine Ampulle, die offensichtlich nicht dorthin gehörte.

Sie brachte ihren Fund zu Tobias, der schließlich einwilligte, die Substanz untersuchen zu lassen. Das Ergebnis war eindeutig: Gift. Klara Müller war ermordet worden.

Die Frage blieb: Wer hatte das Gift in Klaras Wein geschmuggelt? Die Antwort fand Grete schließlich bei einem unerwarteten Verdächtigen – Markus Müller selbst.

„Es tut mir leid, Frau Sommer", sagte er, als sie ihn zur Rede stellte. „Meine Mutter wollte das Weingut verkaufen, um sich zur Ruhe zu setzen. Ich konnte das nicht zulassen. Es war unser Familienerbe. Ich wollte sie nur überreden, ihre Meinung zu ändern. Das Gift sollte sie schwach machen, nicht..."

Seine Stimme brach.

Tobias nahm Markus fest, während Grete traurig zusah. Sie hatte die Wahrheit gefunden, aber der Preis war hoch.

Am Tag von Klaras Beerdigung stand Grete allein zwischen den Reben und blickte auf die sanften Hügel des Rheintals. Der Wind trug den Duft von Trauben und Erde mit sich, und für einen Moment schien es, als würde Klara selbst in den Feldern weiterleben, die sie so geliebt hatte.

„Ruhe in Frieden, Klara", flüsterte Grete. „Dein Wein wird weiterleben, und mit ihm die Erinnerung an dich."

Deadly Wine

In the gentle hills of the Rhine Valley, surrounded by endless rows of grapevines, stood the Müller Winery, an idyllic family business known for its exquisite wines. Klara Müller, the resolute and charming matriarch, had devoted her life to the art of winemaking. Her hard work was recently rewarded when her Riesling won the prestigious *Golden Vine*, the highest award in the region. But just days after the ceremony, she was found dead in her wine cellar.

Grete Sommer, a retired teacher and longtime friend of the Müller family, was shaken when she heard about Klara's death. The official cause was listed as "natural causes," but Grete was skeptical. Klara had been in good health, and the circumstances of her death—alone in the cellar, a broken wine bottle beside her—seemed strange.

"It just doesn't add up," she said to Markus Müller, Klara's son, when she visited the winery. Markus, a serious man in his early fifties, seemed unable to process the shock.

"I know, Grete," he murmured. "But who would want to hurt my mother? She was loved by everyone."

Grete raised an eyebrow. "Everyone? Really? What about the other winemakers? Or the relatives who might have had hopes for the inheritance?"

Grete began discreetly conducting her own investigation. She spoke with the other winemakers who had participated in the competition. One name stood out to her: Heinrich Krüger, an up-and-coming winemaker who had often narrowly lost to Klara.

"Heinrich was furious when he left the award ceremony," a friend told her. "He mumbled something like, 'This should have been my year.'"

Grete decided to visit Heinrich. She found him in his wine cellar, where he was vigorously inspecting barrels. "Mrs. Sommer," he said as she introduced herself. "A tragic loss for the region. Klara was a great artist of wine."

His words sounded sincere, but Grete couldn't help noticing the nervous twitch in his hands. "What were you doing the night before her death?" she asked casually.

"I was here, as usual," he replied quickly. "My work doesn't wait."

Back at the Müller Winery, Grete overheard Markus arguing loudly with someone. As she drew closer, she recognized Tobias Kern, the local police officer.

"Why isn't anything being done?" Markus shouted. "My mother dies under mysterious circumstances, and you're doing nothing!"

Tobias, a young officer with a friendly face, sighed. "There's no evidence of a crime, Mr. Müller. Without evidence, I can't investigate."

Grete interjected. "Maybe we should look for evidence. Have you examined the broken bottle?"

Tobias looked at her in surprise. "The bottle? No, it was disposed of."

Grete furrowed her brow. "That was a mistake. It could have held crucial clues."

Determined to uncover the truth, Grete ventured into the wine cellar herself. Among the shelves, she noticed faint scratches on the floor—signs that something heavy had been moved. In a dark corner, she found a small vial that clearly didn't belong there.

She brought her discovery to Tobias, who finally agreed to have the substance examined. The result was conclusive: poison. Klara Müller had been murdered.

The question remained: who had smuggled the poison into Klara's wine? Grete ultimately found the answer with an unexpected suspect—Markus Müller himself.

"I'm sorry, Mrs. Sommer," he said when she confronted him. "My mother wanted to sell the winery and retire. I couldn't allow that. It was our family's legacy. I only wanted to convince her to change her mind. The poison was meant to make her weak, not..."

His voice broke.

Tobias arrested Markus while Grete watched sadly. She had uncovered the truth, but the cost had been high.

On the day of Klara's funeral, Grete stood alone among the vines, gazing at the gentle hills of the Rhine Valley. The wind carried the scent of grapes and earth, and for a moment, it seemed as if Klara herself lived on in the fields she had loved so much.

"Rest in peace, Klara," Grete whispered. "Your wine will live on, and with it, the memory of you."

Der letzte Zug nach Hamburg

Es war eine dieser regnerischen Nächte in Hamburg, in denen der Himmel schwer über den Dächer der Stadt hing und das Licht der Straßenlaternen auf den nassen Pflastersteinen flackerte. Am Hauptbahnhof herrschte trotz der späten Stunde ein ständiges Kommen und Gehen – Reisende mit hastigen Schritten, Koffer auf klappernden Rädern, und Züge, die mit quietschenden Bremsen einliefen oder sich zischend in die Dunkelheit verabschiedeten.

Kommissar Paul Berger zog seinen Mantel enger um sich, als er auf Gleis 12 eintraf. Ein verlassenes Zugabteil, ein blutiger Tatort. Die Leiche eines Mannes lag in einer Sitzreihe, der Kopf zur Seite geneigt, eine klaffende Wunde an der Brust. Neben ihm ein teurer Aktenkoffer, der geöffnet und leer war.

„Der Mann heißt Robert Franke", sagte Sarah Klein, Bergers Partnerin, als er sich zu ihr gesellte. Sie hielt ein Notizbuch in der Hand, in dem sie schnell etwas notierte. „Geschäftsmann, wohnhaft in Hamburg. Laut seinem Ausweis war er in der Import-Export-Branche tätig."

Berger nickte und betrachtete die Szene. „Import-Export", murmelte er. „Ein Ausdruck, der oft mehr verbirgt, als er verrät."

Zurück im Präsidium ließ Berger sich die Akten zu Robert Franke bringen. Der Mann war unauffällig – keine Vorstrafen, keine bekannten Feinde. Doch sein Geschäft schien lukrativ gewesen zu sein.

„Ein Raubmord vielleicht?" schlug Sarah vor.

„Unwahrscheinlich", erwiderte Berger. „Der Mörder hat den Koffer durchwühlt, aber sein Geld und seine Uhr nicht angerührt. Das hier war gezielt."

Am nächsten Morgen suchten Berger und Sarah Nina Vogel auf, Frankes Sekretärin. Die junge Frau, elegant gekleidet und mit einem ruhigen Auftreten, empfing sie in ihrem Büro.

„Herr Franke war ein guter Chef", sagte sie, als Berger sie nach seinem Leben fragte. „Er war... diskret. Er hat selten über seine Geschäfte gesprochen."

„Hat er Feinde gehabt? Oder vielleicht Schwierigkeiten in letzter Zeit?" hakte Berger nach.

Nina zögerte, bevor sie antwortete. „Es gab einige Unstimmigkeiten mit einem Geschäftspartner. Einem Herrn Meinhard. Sie stritten sich oft über Lieferungen. Aber ich weiß nicht, worum es ging."

Berger und Sarah suchten Meinhard in dessen Lagerhaus am Hafen auf. Der Mann, ein bulliger Typ mit durchdringendem Blick, empfing sie mit gespielter Höflichkeit.

„Robert Franke?" sagte er und zuckte mit den Schultern. „Wir haben zusammengearbeitet, ja. Aber ich wusste nichts von seinem Tod, bis ich es in den Nachrichten hörte."

„Welche Art von Waren haben Sie zusammen gehandhabt?" fragte Sarah.

„Alles Mögliche", antwortete Meinhard ausweichend. „Maschinen, Rohstoffe... legal natürlich."

Berger bemerkte die Spannung in Meinhards Haltung. „Natürlich", sagte er trocken.

Zurück im Präsidium erhielt Berger einen anonymen Tipp. Ein Arbeiter am Bahnhof behauptete, in der Nacht von Frankes Tod Schmuggler beobachtet zu haben. „Sie haben etwas aus einem Güterwagen geladen", sagte der Mann am Telefon. „Kisten, groß und schwer. Es sah nicht legal aus."

Die Ermittlungen führten Berger und Sarah zurück zum Bahnhof. Dort fanden sie im Lagerbereich ein Verzeichnis von Lieferungen, das sie mit Frankes Geschäftsdokumenten abglichen. Ein bestimmter Güterwagen, der regelmäßig zwischen Hamburg und Rotterdam pendelte, tauchte in beiden Listen auf.

„Das könnte unser Schmuggelring sein", sagte Sarah.

„Und Franke hat sich vielleicht mit ihnen angelegt", ergänzte Berger.

Ein Abgleich der Videoüberwachung zeigte, wie Franke in der Nacht seines Todes mit Meinhard am Bahnhof sprach. Kurz darauf betrat er den Zug – und Meinhard verschwand in den Schatten.

Berger plante eine verdeckte Operation, um die Schmuggler auf frischer Tat zu ertappen. Mit Unterstützung von Kollegen und einer richterlichen Genehmigung überwachten sie den Güterwagen bei seiner Ankunft.

In den frühen Morgenstunden schlugen sie zu. Meinhard und seine Komplizen wurden beim Entladen von Kisten mit geschmuggelten Luxusgütern erwischt.

Im Verhör brach Meinhard schließlich zusammen. „Franke wollte aussteigen", gestand er. „Er wollte nicht mehr riskieren, dass wir auffliegen. Wir hatten einen Streit, und... ich habe die Kontrolle verloren."

Ein paar Tage später saß Berger in einem kleinen Café gegenüber dem Bahnhof. Der Fall war gelöst, doch er konnte die grauenhaften Bilder der Tatnacht nicht abschütteln.

„Was für ein sinnloser Tod", sagte Sarah, die sich ihm mit zwei Tassen Kaffee anschloss.

„Ja", murmelte Berger und blickte hinaus auf die Menschenmenge, die sich am Bahnhofsvorplatz tummelte. „Manchmal denke ich, wir sind wie Züge, die alle irgendwohin unterwegs sind. Aber manche kommen nie an."

Hamburg war immer noch regnerisch, und der Bahnhof war immer noch geschäftig. Doch für einen Moment hielt Berger inne und dachte an die Schatten, die sich zwischen den Gleisen versteckten.

The Last Train to Hamburg

———

It was one of those rainy nights in Hamburg, where the sky hung heavy over the rooftops of the city, and the streetlights flickered on the wet cobblestones. Despite the late hour, there was a constant coming and going at the main station – travelers with hurried steps, suitcases on clattering wheels, and trains screeching to a stop or hissing as they departed into the darkness.

Commissioner Paul Berger pulled his coat tighter around him as he arrived at platform 12. An abandoned train compartment, a bloody crime scene. The body of a man lay in a row of seats, his head tilted to the side, a gaping wound in his chest. Next to him, an expensive briefcase lay open and empty.

"The man's name is Robert Franke," said Sarah Klein, Berger's partner, as he joined her. She held a notebook, quickly jotting something down. "Businessman, resident of Hamburg. According to his ID, he was in the import-export business."

Berger nodded and surveyed the scene. "Import-export," he muttered. "A term that often hides more than it reveals."

Back at the station, Berger had the files on Robert Franke brought to him. The man was unremarkable – no criminal record, no known enemies. But his business seemed to have been lucrative.

"A robbery gone wrong?" suggested Sarah.

"Unlikely," replied Berger. "The killer searched the briefcase, but didn't touch his money or his watch. This was deliberate."

The next morning, Berger and Sarah visited Nina Vogel, Franke's secretary. The young woman, elegantly dressed and calm in demeanor, welcomed them into her office.

"Mr. Franke was a good boss," she said when Berger asked about his life. "He was... discreet. He rarely talked about his business."

"Did he have any enemies? Or perhaps trouble lately?" Berger pressed.

Nina hesitated before responding. "There were some disagreements with a business partner. A Mr. Meinhard. They often argued about shipments. But I don't know what it was about."

Berger and Sarah sought out Meinhard at his warehouse in the port. The man, a burly type with a piercing gaze, greeted them with feigned politeness.

"Robert Franke?" he said, shrugging. "We worked together, yes. But I didn't know about his death until I saw it on the news."

"What kind of goods did you handle together?" Sarah asked.

"All sorts," Meinhard answered evasively. "Machines, raw materials... legal, of course."

Berger noticed the tension in Meinhard's posture. "Of course," he said dryly.

Back at the station, Berger received an anonymous tip. A worker at the station claimed to have seen smugglers the night of Franke's death. "They were unloading something from a freight car," the man said on the phone. "Boxes, big and heavy. It didn't look legal."

The investigation led Berger and Sarah back to the station. There, they found a shipment log in the storage area, which they cross-referenced with Franke's business documents. A specific freight car, which regularly traveled between Hamburg and Rotterdam, appeared on both lists.

"This could be our smuggling ring," said Sarah.

"And Franke may have gotten mixed up with them," added Berger.

A check of the surveillance footage showed Franke speaking with Meinhard on the night of his death. Shortly after, he boarded the train – and Meinhard disappeared into the shadows.

Berger planned an undercover operation to catch the smugglers in the act. With the support of colleagues and a judicial warrant, they monitored the freight car's arrival.

In the early morning hours, they moved in. Meinhard and his accomplices were caught unloading boxes of smuggled luxury goods.

During interrogation, Meinhard finally broke down. "Franke wanted out," he confessed. "He didn't want to risk us getting caught. We had an argument, and... I lost control."

A few days later, Berger sat in a small café across from the station. The case was solved, but he couldn't shake the horrific images from the night of the murder.

"What a senseless death," said Sarah, joining him with two cups of coffee.

"Yes," muttered Berger, looking out at the crowd gathered in front of the station. "Sometimes I think we're like trains, all headed somewhere. But some never reach their destination."

Hamburg was still rainy, and the station was still busy. But for a moment, Berger paused and thought of the shadows hiding between the tracks.

Der Fall Dornröschen

Der Himmel über Berlin war grau und regnerisch, als Lisa Engel das moderne Bürogebäude in der Friedrichstraße betrat. Das Start-up, in dem sie als Hackerin arbeitete, war ein typisches Beispiel für die neuen, innovativen Unternehmen, die die Stadt beherrschten: futuristische Möbel, flimmernde Bildschirme und ständig ein Rauschen von Tastaturen und Gesprächen. Doch heute war es anders. Heute war sie hier, um einen Fall zu lösen.

Elena Weber, eine junge Programmiergenie, war vor einer Woche spurlos verschwunden. Niemand hatte eine Ahnung, wo sie hingegangen war oder warum sie plötzlich abtauchte. Ihre Kollegen im Start-up waren ratlos, ihre Familie besorgt, und ihre beste Freundin hatte nichts von Elena gehört. Der Fall war noch mysteriöser geworden, als Lisa auf Einladung des Start-up-CEOs Maximilian Hoff in die Ermittlungen einbezogen wurde.

„Lisa, ich danke dir, dass du uns hilfst", sagte Maximilian Hoff, der CEO des Start-ups, als er Lisa in seinem schicken, minimalistischen Büro empfing. „Elena war das Herz unseres Unternehmens. Sie war brillant, eine wahre Programmierkünstlerin. Aber seit ihrer Abwesenheit ist hier alles im Chaos."

Lisa nickte und schaltete ihren Laptop ein. „Ich werde sehen, was ich finden kann", sagte sie, während sie die Daten von Elenas Arbeitsbereich aufrief. Es dauerte nicht lange, bis sie eine Reihe von verdächtigen Aktivitäten entdeckte. Elena hatte kurz vor ihrem Verschwinden mehrere geheime Nachrichten verschickt – die Adressen der Empfänger waren verschlüsselt und anonym. Lisa kopierte die Daten auf einen sicheren Server, um sie später zu entschlüsseln.

„Was hat sie in den letzten Tagen gemacht?" fragte Lisa, ohne von der Bildschirmoberfläche aufzusehen.

Maximilian schien nervös. „Sie hat an einem neuen Projekt gearbeitet. Aber niemand weiß genau, was es war. Wir dachten, sie wolle einen neuen Algorithmus für die Datenanalyse entwickeln, aber es war mehr. Viel mehr."

Lisa begann, sich in Elenas Aktivitäten im Dark Web einzugraben. In den letzten Monaten hatte Elena offensichtlich Kontakte zu Leuten aufgenommen, die in illegalen Geschäftsbereichen tätig waren – Datenhandel, Corporate Espionage und sogar Hacktivismus. Je tiefer Lisa in die Materie vordrang, desto mehr fand sie Hinweise auf eine Verschwörung, die das Start-up selbst zu betreffen schien.

Am wichtigsten war eine verschlüsselte Nachricht, die Lisa gelang, zu entschlüsseln. Sie stammte von einem mysteriösen User namens „Dornröschen", der offenbar wichtige Informationen über das Start-up und seine zukünftigen Entwicklungen hatte. Es war klar, dass jemand das Unternehmen mit höchstem Interesse beobachtete – aber wer war dieser „Dornröschen"?

Lisa traf sich mit Daniel Fuchs, einem Tech-Journalisten, der in der Szene gut vernetzt war. „Du hast von Dornröschen gehört, oder?", fragte sie ihn, als sie sich in einem Café in Berlin-Mitte gegenüber saßen.

Daniel schüttelte den Kopf. „Nein, aber ich habe gehört, dass mehrere Firmen in der Branche in den letzten Wochen von einer mysteriösen Quelle aus dem Dark Web bedroht wurden. Es gab ein Gerücht, dass jemand versuchte, Informationen zu stehlen, die weit über die normalen Geschäftsinteressen hinausgingen."

„Das stimmt", antwortete Lisa. „Und ich glaube, dass diese Quelle mit Elenas Verschwinden zu tun hat. Sie hat Informationen gehackt, die hier niemand öffentlich wissen sollte."

Daniel zog eine Augenbraue hoch. „Und du glaubst, sie ist in Gefahr?"

„Es scheint so", antwortete Lisa. „Aber ich brauche mehr Informationen, um zu verstehen, warum sie verschwunden ist und was genau sie gefunden hat."

Während Lisa weiter nachforschte, stieß sie auf eine weitere Verschlüsselung, die sie zurück zu Maximilian Hoff führte. Es stellte sich heraus, dass Maximilian in der Vergangenheit einige risikoreiche Entscheidungen getroffen hatte, um das Unternehmen zu vergrößern. Einige davon hatten Verbindungen zu illegalen Praktiken, von denen er niemandem erzählt hatte.

Lisa konfrontierte Maximilian in seinem Büro. „Du hast etwas zu verbergen, Maximilian", sagte sie scharf. „Was hast du Elena erzählt? Was hat sie wirklich gefunden?"

Maximilian wirkte nervös. „Ich habe sie nur gebeten, einige Daten zu analysieren. Sie hat niemals in solche Dinge eingegriffen. Ich hatte keine Ahnung, dass sie damit so tief in den Dreck graben würde. Es ging nur um die Zukunft des Unternehmens, Lisa. Wir mussten uns etwas leisten."

„Und was hast du zu tun, wenn du alles verlierst?" fragte Lisa, während sie das Büro durchsuchte und einen versteckten USB-Stick fand, der direkt auf Elenas Arbeit zugriff.

Lisa entschlüsselte die letzten Dateien, die Elena hinterlassen hatte. Es stellte sich heraus, dass sie Beweise für eine große Unternehmensverschwörung hatte – und nicht nur das. Elena hatte Beweise für die Verstrickung von Maximilian Hoff in einen illegalen Datenhandel, der das Unternehmen in den Ruin stürzen konnte. Aber Elena war zu einem Ziel geworden. Sie hatte etwas gefunden, das mächtige Leute dazu brachte, sie aus dem Weg zu räumen.

Maximilian, der nun von Lisa und Daniel konfrontiert wurde, versuchte, seine Spuren zu verwischen. Doch es war zu spät. Lisa hatte die Beweise gesammelt und dem richtigen Menschen übergeben. Wenige Tage später war Maximilian Hoff unter Hausarrest gestellt, und das Start-up wurde unter strenger Aufsicht gestellt.

Elena Weber tauchte unter, aber sie hinterließ ihre Spuren. Lisa wusste, dass sie eines Tages zurückkehren würde. Doch der Fall „Dornröschen" würde lange nachhallen.

The Sleeping Beauty Case

The sky over Berlin was gray and rainy when Lisa Engel entered the modern office building on Friedrichstraße. The startup where she worked as a hacker was a typical example of the new, innovative companies that dominated the city: futuristic furniture, flickering screens, and a constant hum of keyboards and conversations. But today was different. Today, she was here to solve a case.

Elena Weber, a young programming genius, had disappeared without a trace a week ago. No one had any idea where she had gone or why she suddenly vanished. Her colleagues at the startup were confused, her family was worried, and her best friend hadn't heard from Elena. The case became even more mysterious when Lisa, at the invitation of the startup's CEO Maximilian Hoff, was brought into the investigation.

"Lisa, thank you for helping us," said Maximilian Hoff, the CEO of the startup, as he welcomed Lisa into his sleek, minimalist office. "Elena was the heart of our company. She was brilliant, a true programming artist. But since her absence, everything has fallen into chaos."

Lisa nodded and turned on her laptop. "I'll see what I can find," she said, while pulling up data from Elena's workspace. It didn't take long before she discovered a series of suspicious activities. Elena had sent several secret messages just before her disappearance – the recipients' addresses were encrypted and anonymous. Lisa copied the data to a secure server to decrypt it later.

"What has she been working on in the past few days?" Lisa asked without looking up from the screen.

Maximilian seemed nervous. "She was working on a new project. But no one knows exactly what it was. We thought she was developing a new algorithm for data analysis, but it was more. Much more."

Lisa began to dig into Elena's activities on the Dark Web. In the past few months, Elena had clearly made contact with people involved in illegal business sectors – data trading, corporate espionage, and even hacktivism. The deeper Lisa dug, the more she uncovered signs of a conspiracy that seemed to involve the startup itself.

Most importantly, there was an encrypted message that Lisa managed to decrypt. It came from a mysterious user named "Sleeping Beauty," who apparently had important information about the startup and its future developments. It was clear that someone was watching the company with great interest – but who was this "Sleeping Beauty?"

Lisa met with Daniel Fuchs, a tech journalist who was well-connected in the scene. "You've heard of Sleeping Beauty, right?" she asked him as they sat across from each other in a café in Berlin-Mitte.

Daniel shook his head. "No, but I've heard that several companies in the industry have been threatened by a mysterious source from the Dark Web in recent weeks. There's a rumor that someone is trying to steal information that goes far beyond normal business interests."

"That's true," Lisa replied. "And I think this source is connected to Elena's disappearance. She hacked information that no one here should publicly know."

Daniel raised an eyebrow. "And you think she's in danger?"

"It seems so," Lisa answered. "But I need more information to understand why she disappeared and what exactly she found."

As Lisa continued her investigation, she stumbled upon another encryption that led her back to Maximilian Hoff. It turned out that Maximilian had made some risky decisions in the past to grow the company. Some of these decisions were linked to illegal practices that he hadn't shared with anyone.

Lisa confronted Maximilian in his office. "You're hiding something, Maximilian," she said sharply. "What did you tell Elena? What did she really find?"

Maximilian looked nervous. "I just asked her to analyze some data. She never got involved in anything like this. I had no idea she'd dig so deep into the muck. It was all about the company's future, Lisa. We had to afford something."

"And what do you do when you lose everything?" Lisa asked as she searched the office and found a hidden USB stick that gave direct access to Elena's work.

Lisa decrypted the final files that Elena had left behind. It turned out that Elena had proof of a major corporate conspiracy – and not just that. Elena had evidence of Maximilian Hoff's involvement in an illegal data trade that could ruin the company. But Elena had become a target. She had found something that powerful people didn't want getting out.

Maximilian, now confronted by Lisa and Daniel, tried to cover his tracks. But it was too late. Lisa had gathered the evidence and handed it to the right person. A few days later, Maximilian Hoff was placed under house arrest, and the startup was put under strict supervision.

Elena Weber went underground, but she left her traces. Lisa knew she would return one day. But the "Sleeping Beauty" case would echo for a long time.

Mord im Schwarzwald

Der Schnee fiel dicht und unaufhörlich, als Amalie Richter mit einem beunruhigten Blick aus dem Fenster des kleinen, abgelegenen Gasthauses blickte. Der Wintersturm hatte die Verbindung zur Außenwelt abgeschnitten. Schon den ganzen Tag über war der Himmel von dunklen Wolken bedeckt, und die einzigen Geräusche kamen vom Heulen des Windes und dem Prasseln des Schnees auf das Dach des Gasthauses. Die Straßen waren nicht mehr befahrbar, und niemand konnte sich mehr auf den Weg nach Hause machen.

Das Gasthaus „Zum Silbernen Hirsch" war der perfekte Ort, um dem strengen Winter zu entkommen. Die Gäste, die aus verschiedenen Teilen des Landes angereist waren, saßen am Kamin und genossen ihre heiße Schokolade und den Glühwein, während Erika Lehmann, die Besitzerin des Gasthauses, sich um das leibliche Wohl ihrer Gäste kümmerte. Amalie, die Nichte von Erika, half ihr bei den Vorbereitungen und kümmerte sich um den Service. Doch in dieser stillen, winterlichen Idylle sollte ein Albtraum erwachen.

Es war spät in der Nacht, als ein Schrei die Stille durchbrach. Amalie, die gerade im Flur auf dem Weg zum Abstellraum war, rannte erschrocken zu der Tür, aus der der Schrei kam. Sie stieß die Tür auf – und blieb wie erstarrt stehen.

Viktor Braun, ein mysteriöser Gast, der erst kürzlich im Gasthaus angekommen war, lag leblos auf dem Boden. Sein Gesicht war blass, und der Blick in seinen Augen war starr. Eine blutige Wunde an seiner Schläfe ließ keinen Zweifel daran, dass er ermordet worden war.

Erika kam hastig ins Zimmer, ihre Hand vor dem Mund, als sie den Anblick erblickte. „Was ist hier passiert?" fragte sie, ihre Stimme zitterte vor Angst.

„Er ist tot", sagte Amalie leise, während sie den Raum betrachtete. „Aber wer... wer könnte das getan haben?"

Das Gasthaus war nun ein Gefängnis. Die verschneite Landschaft draußen war unzugänglich, und niemand konnte das Gebäude betreten oder verlassen. Amalie wusste, dass sie keine Zeit verlieren durfte. Sie entschied sich, selbst nach Hinweisen zu suchen und den Mörder zu finden, bevor er erneut zuschlagen konnte.

„Es muss jemand aus der Gruppe gewesen sein", sagte Amalie zu sich selbst. „Es gibt keine Spur, dass jemand das Gasthaus betreten oder verlassen hat, also muss der Täter hier unter uns sein."

Erika war völlig aufgelöst und brachte keinen klaren Gedanken mehr zustande. Sie hatte keine Ahnung, warum Viktor ermordet worden war oder was der Grund für den Mord sein könnte. Doch Amalie ließ sich nicht beirren. Sie begann, sich mit den anderen Gästen zu unterhalten.

„Haben Sie Viktor heute Abend gesehen?" fragte sie die ältere Dame, die mit ihrer Tochter im Gasthaus war.

„Ja", antwortete die Dame. „Er saß mit uns am Tisch, aber er schien irgendwie abwesend. Er war nicht wie sonst. Vielleicht hat er etwas zu verbergen..."

Amalie befragte nun die anderen Gäste: Ein Paar, das aus dem Süden angereist war, und ein alleinstehender Mann, der sich als Geschäftsreisender ausgab. Doch jeder schien ein Alibi zu haben, zumindest ein glaubwürdiges. Amalie konnte keine offensichtlichen Hinweise finden.

„Vielleicht gibt es etwas in Viktors Vergangenheit, das ihn in Gefahr gebracht hat", dachte Amalie laut, während sie in der Lobby des Gasthauses nachdachte. Sie blickte auf die Gästezimmer und erinnerte sich an den geheimen Blick, den Viktor zu Erika geworfen hatte, als er ankam. Es war, als ob er sie schon kannte – und sie ihn ebenfalls.

Amalie sprach mit Erika über den mysteriösen Blick. Erika wurde plötzlich blass. „Ich kenne ihn nicht", sagte sie, „aber er... er hat mich vor Jahren besucht. Damals war er ein ganz anderer Mann."

Amalie hatte nun eine Theorie: Viktor war vielleicht nicht der Unbekannte, den er vorgab zu sein. Sie entschloss sich, mehr über seine Vergangenheit herauszufinden. Sie nahm sein Zimmer unter die Lupe, durchwühlte seine Tasche und fand schließlich ein altes Foto – es zeigte Viktor zusammen mit Erika, aber es war aus einer anderen Zeit. Ein tiefer Verdacht keimte in ihr auf: Hatten sie eine Vergangenheit, von der Erika nicht sprechen wollte?

Amalie konfrontierte Erika. „Was wissen Sie wirklich über Viktor? Was haben Sie ihm verschwiegen?"

Erika starrte Amalie erschrocken an. „Es war... vor vielen Jahren. Viktor war ein Freund von mir. Aber er hat mich verraten. Ich wollte ihn nie wiedersehen. Als er plötzlich hier auftauchte, dachte ich, es sei ein Zufall."

Der Durchbruch kam, als Amalie eines der Tagebucher des Opfers fand. Darin stand eine Nachricht, die er in der Nacht vor seinem Tod hinterlassen hatte: „Erika muss die Wahrheit wissen, und ich werde sie dazu bringen, sie zu sagen. Sie kann sich nicht weiter verstecken."

Es war klar: Viktor hatte etwas entdeckt, das Erika in der Vergangenheit getan hatte, und er wollte sie erpressen. Doch als Erika das herausfand, wusste sie, dass Viktor ihre Geheimnisse niemals für sich behalten würde.

In einem Moment der Verzweiflung hatte sie ihn ermordet, um sich zu schützen.

Amalie erzählte der Polizei, dass sie den Mörder gefunden hatte: Erika Lehmann. Die Gastwirtin wurde festgenommen, und ihre Geschichte kam ans Licht. Die Wahrheit über ihren Verrat an Viktor und die dunklen Geheimnisse ihrer Vergangenheit wurden schließlich enthüllt.

Amalie stand am Fenster des Gasthauses, der Schnee hatte sich etwas gelegt, aber die Stille war immer noch erdrückend. Die Wahrheit war ans Licht gekommen, aber der Winter hatte seine eigene Härte.

Murder in the Black Forest

The snow fell heavily and relentlessly as Amalie Richter gazed out of the window of the small, remote inn with a worried expression. The winter storm had cut off all communication with the outside world. The sky had been overcast all day, and the only sounds were the howling of the wind and the patter of snow on the inn's roof. The roads were impassable, and no one could leave to return home.

The inn, "Zum Silbernen Hirsch," was the perfect place to escape the harsh winter. Guests who had traveled from various parts of the country sat by the fire, enjoying hot chocolate and mulled wine while Erika Lehmann, the innkeeper, looked after their needs. Amalie, Erika's niece, helped her with the preparations and took care of the service. But in this quiet, winter idyll, a nightmare was about to awaken.

It was late at night when a scream broke the silence. Amalie, who was on her way to the storage room in the hallway, ran frightened to the door from which the scream had come. She burst through the door—and froze in place.

Viktor Braun, a mysterious guest who had recently arrived at the inn, lay lifeless on the floor. His face was pale, and the look in his eyes was vacant. A bloody wound on his temple left no doubt that he had been murdered.

Erika rushed into the room, her hand over her mouth as she took in the scene. "What happened here?" she asked, her voice trembling with fear.

"He's dead," Amalie said quietly, looking around the room. "But who... who could have done this?"

The inn had now become a prison. The snowy landscape outside was inaccessible, and no one could enter or leave the building. Amalie knew she couldn't waste any time. She decided to search for clues herself and find the killer before they could strike again.

"It must be someone from the group," Amalie muttered to herself. "There's no sign that anyone entered or left the inn, so the murderer has to be one of us."

Erika was completely distraught and couldn't think clearly. She had no idea why Viktor had been murdered or what the motive could be. But Amalie didn't let this distract her. She began speaking to the other guests.

"Did you see Viktor tonight?" she asked the elderly lady who had been staying at the inn with her daughter.

"Yes," the lady replied. "He sat with us at the table, but he seemed absent, somehow. He wasn't himself. Maybe he was hiding something..."

Amalie continued questioning the other guests: a couple who had traveled from the south, and a solitary man who had claimed to be a business traveler. But each seemed to have an alibi, at least one that was believable. Amalie couldn't find any obvious clues.

"Maybe there's something in Viktor's past that put him in danger," Amalie thought aloud as she pondered in the inn's lobby. She glanced at the guest rooms and recalled the mysterious look Viktor had exchanged with Erika when he arrived. It was as if they knew each other—and as if Erika knew him too.

Amalie spoke to Erika about the strange look. Erika turned pale. "I don't know him," she said. "But... he visited me years ago. Back then, he was a different man."

Amalie now had a theory: Viktor might not be the stranger he appeared to be. She decided to learn more about his past. She took a closer look at his room, searched through his bag, and finally found an old photograph—showing Viktor with Erika, but from a different time. A deep suspicion began to form: Did they share a past that Erika didn't want to talk about?

Amalie confronted Erika. "What do you really know about Viktor? What have you kept from me?"

Erika stared at Amalie in shock. "It was... many years ago. Viktor was a friend of mine. But he betrayed me. I never wanted to see him again. When he suddenly appeared here, I thought it was a coincidence."

The breakthrough came when Amalie found one of the victim's journals. It contained a message he had left the night before his death: "Erika must know the truth, and I will make her say it. She can't hide anymore."

It was clear: Viktor had discovered something about Erika's past and was trying to blackmail her. But when Erika found out, she knew Viktor would never keep her secrets. In a moment of desperation, she murdered him to protect herself.

Amalie told the police that she had found the killer: Erika Lehmann. The innkeeper was arrested, and her story came to light. The truth about her betrayal of Viktor and the dark secrets of her past were finally revealed.

Amalie stood by the inn's window; the snow had begun to settle, but the silence was still suffocating. The truth had come out, but the winter had its own harshness.

Das letzte Wort

Tom Beck war ein harter, erfahrener Journalist in Frankfurt, der die Straßen des Bankenviertels besser kannte als seine eigene Wohnung. Für ihn gab es keine Geschichten, die nicht erzählt werden konnten, und keine Wahrheiten, die nicht ans Licht gebracht werden mussten. Doch als er eines Nachts mit einer Nachricht konfrontiert wurde, die weit über seine üblichen Enthüllungen hinausging, wusste er, dass dies das Ende für ihn bedeuten könnte.

Es war spät in der Nacht, als Tom Beck das Büro des „Frankfurter Wochenblicks" betrat. Der Regen prasselte gegen die Fenster, und die Straßenlaternen warfen lange Schatten auf den Asphalt. Tom war es gewohnt, zu dieser Stunde zu arbeiten, aber diesmal war etwas anders. Die Luft im Büro war schwer, und als er seinen Schreibtisch erreichte, lag ein Umschlag darauf – kein Absender, nur sein Name auf dem Deckel.

Er öffnete den Umschlag und zog ein einziges Blatt Papier heraus. Die Nachricht war kurz, präzise und beunruhigend:

„Wir wissen, was du getan hast. Wenn du nicht kooperierst, wird dein nächster Artikel dein letzter sein."

Das war alles. Keine Unterschrift, keine weiteren Details. Tom ließ das Papier sinken und starrte auf den leeren Raum. Wer hatte ihm diese Drohung geschickt? Und vor allem – was wusste dieser unbekannte Mörder über ihn?

Am nächsten Tag fand Tom sich in einem schäbigen Hotelzimmer wieder, das die Bankerin Claudia Stein ihm aufgesucht hatte. Sie war eine der mächtigsten Persönlichkeiten in der Frankfurter Bankenwelt, ihre geschäftlichen Verbindungen hatten es ihr ermöglicht, alles zu bekommen, was sie wollte. Doch heute schien sie nicht die kontrollierte, kalte Frau zu sein, die er kannte.

„Tom, du hast keine Wahl. Du musst mir helfen, das hier zu vertuschen“, sagte sie und ließ die Akte auf den Tisch fallen. „Bruno Wolf ist hinter uns her, und er hat meine Firma in der Hand. Er wird uns zerstören, wenn wir nicht tun, was er will.“

Tom starrte sie an. „Was hat das mit dem Mord zu tun?“

Claudia seufzte und setzte sich. „Ein Mitarbeiter von uns, jemand, der zu viel wusste, wurde ermordet. Bruno hat die Leiche verschwinden lassen und verlangt, dass wir seine Bedingungen erfüllen, damit er es niemandem sagt.“

„Und was genau erwarte ich von dir?“ Tom wusste, dass er in eine Falle tappte, aber er war fest entschlossen, alles herauszufinden.

„Du musst den Mord aufdecken – aber nicht so, wie du es normalerweise tun würdest. Du wirst die Wahrheit in einer Weise umdrehen, dass keiner von uns darunter leidet. Wenn du nicht mitmachst, sind sowohl deine Karriere als auch dein Leben gefährdet“, erklärte sie, ohne ein Zucken in ihrer Miene zu zeigen.

Tom wusste, dass er keine Wahl hatte. Wenn er sich weigerte, den Skandal zu decken, würde er sein Leben in der Bankwelt und möglicherweise sogar sein Leben insgesamt verlieren. Doch er konnte die Wahrheit nicht einfach verschweigen. Er war ein Journalist, und die Wahrheit war seine einzige Waffe.

Er begann, Claudia und ihre Verbindungen zu Bruno Wolf genauer zu untersuchen. Die Recherchen führten ihn zu einem dunklen Netzwerk aus erpressten Geschäftsleuten und kriminellen Machenschaften, das tief in der Finanzwelt von Frankfurt verwurzelt war. Aber je weiter er in die

Geschichte eintauchte, desto mehr hatte er das Gefühl, dass er sich selbst immer weiter in den Strudel der Lügen und Gewalt verstrickte.

Ein paar Tage später saß Tom in einem dunklen, verrauchten Restaurant in Frankfurt, als er Bruno Wolf zum ersten Mal persönlich traf. Der Mann war groß, mit breiten Schultern und einem eiskalten Blick, der Tom das Gefühl gab, dass er jederzeit den Abzug drücken könnte. Bruno schüttelte seine Hand mit einem festen Griff und setzte sich, ohne ein Wort zu verlieren.

„Was wollen Sie von mir?" fragte Tom direkt.

„Ich will nur, dass du deinen Job richtig machst, Beck", sagte Bruno mit einem schiefen Lächeln. „Wenn du die Sache richtig drehst, dann wird alles gut. Wenn nicht, dann wirst du die Konsequenzen tragen. Und glaub mir, du willst das nicht."

Tom schluckte, als ihm klar wurde, dass er es mit einem gefährlichen Mann zu tun hatte. Bruno Wolf war nicht nur ein Mobster; er hatte auch Verbindungen in die höchsten Kreise der Gesellschaft und der Politik. Und Tom war genau derjenige, den er brauchte, um seine Machenschaften zu vertuschen.

Tom versuchte, zwischen den Forderungen von Claudia und den Drohungen von Bruno zu balancieren. Jeden Tag, den er länger in diesem Spiel blieb, kam er der Wahrheit näher – und näher an das Ende seiner Karriere und seines Lebens.

Er stellte fest, dass der Mord an dem Angestellten mehr war als ein einfacher Mord. Es war Teil eines viel größeren Plans, der auf den Bankenskandal und die Machenschaften von Claudia und Bruno abzielte. Doch das wusste nur der Mörder – und Tom war der Einzige, der noch etwas dagegen tun konnte.

Am Ende war es die Wahrheit, die Tom rettete. Doch sie hatte ihren Preis. Er hatte Claudia Stein und Bruno Wolf in eine Falle gelockt, indem er ihre Verbindungen und Lügen aufdeckte. Er nutzte die Informationen, um sie in der Öffentlichkeit bloßzustellen, und stellte sicher, dass der Mord und der Skandal nicht mehr vertuscht werden konnten.

Aber es war nicht ohne Opfer. Tom hatte seine journalistische Integrität wiederhergestellt, aber der Preis war hoch. Er hatte sich gegen die Bosse der Stadt gestellt – und das bedeutete, dass er niemals mehr sicher sein würde. Bruno Wolf hatte ihm gedroht, und Claudia hatte alles versucht, um ihn zu manipulieren. Doch Tom hatte das letzte Wort.

The Last Word

Tom Beck was a tough, seasoned journalist in Frankfurt, who knew the streets of the banking district better than his own apartment. For him, there were no stories that couldn't be told, and no truths that shouldn't come to light. But one night, when confronted with a message far beyond his usual investigations, he realized that this could mean the end for him.

It was late at night when Tom Beck entered the office of the *Frankfurter Wochenblick*. Rain hammered against the windows, and the streetlights cast long shadows on the pavement. Tom was used to working at this hour, but this time, something felt different. The air in the office was thick, and when he reached his desk, there was an envelope on it—no sender, just his name on the front.

He opened the envelope and pulled out a single sheet of paper. The message was short, precise, and disturbing:

"We know what you've done. If you don't cooperate, your next article will be your last."

That was it. No signature, no further details. Tom let the paper fall and stared at the empty space. Who had sent him this threat? And most importantly—what did this unknown person know about him?

The next day, Tom found himself in a shabby hotel room, visited by banker Claudia Stein. She was one of the most powerful figures in Frankfurt's banking world, and her business connections had allowed her to get whatever she wanted. But today, she didn't seem like the controlled, cold woman he knew.

"Tom, you have no choice. You need to help me cover this up," she said, dropping the file on the table. "Bruno Wolf is after us, and he has my company in his grasp. He will destroy us if we don't do what he wants."

Tom stared at her. "What does this have to do with the murder?"

Claudia sighed and sat down. "An employee of ours, someone who knew too much, was murdered. Bruno disposed of the body and is demanding we meet his conditions to keep him quiet."

"And what exactly do you expect from me?" Tom knew he was walking into a trap, but he was determined to find out the truth.

"You need to uncover the murder—but not the way you usually would. You'll twist the truth so that none of us suffers. If you don't cooperate, both your career and your life are at risk," she explained, her face unflinching.

Tom knew he had no choice. If he refused to cover up the scandal, he would lose everything in the banking world and possibly his life. But he couldn't just ignore the truth. He was a journalist, and the truth was his only weapon.

He began to investigate Claudia and her connections to Bruno Wolf. His research led him to a dark network of blackmailed businesspeople and criminal dealings, deeply embedded in the financial world of Frankfurt. But the deeper he got into the story, the more he felt himself getting pulled further into a spiral of lies and violence.

A few days later, Tom sat in a dark, smoky restaurant in Frankfurt, where he met Bruno Wolf for the first time in person. The man was tall, broad-shouldered, with a cold stare that made Tom feel like he could pull the trigger at any moment. Bruno shook his hand with a firm grip and sat down without saying a word.

"What do you want from me?" Tom asked directly.

"I just want you to do your job right, Beck," Bruno said with a crooked smile. "If you spin this the right way, everything will be fine. If not, you'll suffer the consequences. And believe me, you don't want that."

Tom swallowed, realizing that he was dealing with a dangerous man. Bruno Wolf wasn't just a mobster; he had connections to the highest circles of society and politics. And Tom was exactly the person he needed to cover up his operations.

Tom tried to balance Claudia's demands with Bruno's threats. Every day he stayed in the game, the closer he came to the truth—and the closer he came to the end of his career and his life.

He discovered that the murder of the employee was more than just a simple killing. It was part of a much larger plan targeting the banking scandal and the dealings of Claudia and Bruno. But only the killer knew the whole story—and Tom was the only one who could still do something about it.

In the end, it was the truth that saved Tom. But it came at a cost. He had lured Claudia Stein and Bruno Wolf into a trap by exposing their connections and lies. He used the information to publicly humiliate them and made sure that the murder and the scandal could no longer be hidden.

But it wasn't without sacrifices. Tom had restored his journalistic integrity, but the price was steep. He had gone up against the city's bosses—and that meant he would never be safe again. Bruno Wolf had threatened him, and Claudia had tried everything to manipulate him. But Tom had the last word.

Der Maler von München

Katharina Vogt hatte die Kunstwelt von München jahrelang mit scharfem Blick und einem feinen Gespür für die wahren Werte hinter den Bildern durchstreift. Als erfolgreiche Kunsthändlerin kannte sie jede Ecke der Stadt, jede Ausstellung und jedes Studio. Aber als sie das Bild von einem ihrer wohlhabendsten Kunden erhielt – ein Gemälde, das ein wertvolles Erbstück sein sollte – spürte sie instinktiv, dass etwas nicht stimmte.

Es war ein regnerischer Nachmittag, als Katharina Vogt das Bild in ihrer Galerie betrachtete. Der großzügige Patron, der das Werk gestiftet hatte, war ein Mann von großem Einfluss, der sich in den gehobenen Kreisen Münchens bewegte. Doch Katharina war überzeugt, dass das Gemälde nicht das war, was es zu sein schien. Die Farben, die Pinselstriche – alles fühlte sich künstlich an. Es war zu perfekt, zu glatt. Etwas daran war unecht.

„Es ist ein Fälschung", murmelte sie leise vor sich hin, während sie das Bild erneut musterte. Die Signatur des Malers Leonard Keller war eindeutig, aber etwas an der Ausführung ließ ihr kein Ruhegefühl. Sie kannte den Maler gut, aber etwas in diesem Werk stimmte nicht.

Entschlossen, der Sache auf den Grund zu gehen, wandte Katharina sich an ihre Kontakte in der Kunstwelt. Bald hörte sie von einer geheimen, dunklen Ecke der Münchener Kunstszene – einer Welt, in der Fälschungen gehandelt und geheim gehalten wurden. Doch in dieser Welt war mehr als nur ein verdächtiges Gemälde verborgen.

Leonard Keller war ein Mann mit vielen Gesichtern. Ein ehemaliger Star der Münchener Kunstszene, der sich immer mehr aus der Öffentlichkeit zurückzog. Er lebte in einem abgelegenen Atelier außerhalb der Stadt, das wie ein verborgener Tempel des Wahnsinns wirkte. Keller hatte den Ruf, von seinen eigenen Dämonen getrieben zu werden, und seine Werke hatten immer eine düstere, fast unheimliche Qualität. Es hieß, er habe in den letzten Jahren zunehmend isoliert gearbeitet, doch niemand wusste wirklich, was hinter seinen verschlossenen Türen vor sich ging.

Katharina hatte Keller vor Jahren kennengelernt, als er noch ein aufstrebender Künstler war. Jetzt war er ein Schatten seiner selbst, der kaum noch das Atelier verließ. Doch sie musste ihn finden, um herauszufinden, ob er etwas mit der Fälschung zu tun hatte. Sie machte sich auf den Weg zu ihm.

Als Katharina das Atelier von Leonard Keller betrat, wurde sie von einem dumpfen Geruch von Öl und Farbe empfangen. Der Raum war chaotisch, die Wände mit halb fertigen Gemälden übersät. Keller saß an einem Tisch, umgeben von zerknülltem Papier und alten Skizzen.

„Katharina", sagte er, ohne sich zu bewegen. „Ich wusste, dass du irgendwann wieder auftauchen würdest. Du hast immer die Wahrheit gesucht, oder?"

„Es geht um das Bild, das mir geschickt wurde", antwortete sie ruhig. „Das Gemälde, das du angeblich gemalt hast. Es stimmt etwas nicht damit, Leonard. Ich denke, es ist eine Fälschung."

Leonard Keller drehte sich langsam zu ihr um. „Ein Fälschung?", wiederholte er. „Und du glaubst, ich hätte damit etwas zu tun?"

Katharina nickte. „Es gibt Dinge, die mich an deinem Stil zweifeln lassen. Aber noch mehr sind die Gerüchte, die ich gehört habe. Von verschwundenen Bildern. Von Fälschungen. Und einem Mord."

Sein Blick verfinsterte sich. „Mord?", sagte er leise. „Das Bild... das ist nicht, was du denkst. Aber es gibt Dinge, die du nicht wissen willst."

Bevor Katharina antworten konnte, hörte sie ein Geräusch hinter sich. Eine Tür öffnete sich, und ein weiterer Mann trat ein – Inspektor Felix Brandt, ein Ermittler, den Katharina aus früheren Fällen kannte.

„Katharina Vogt?", fragte Brandt mit schneidender Stimme. „Wir müssen reden."

Felix Brandt hatte schon viele Jahre im Polizeidienst verbracht, aber dieser Fall war anders. Die Verbindung zwischen Kunst, Fälschung und Mord war ein gefährliches Spiel, und er konnte die Spuren nicht ignorieren, die immer weiter in die düstere Geschichte des Malers Leonard Keller führten.

„Es gibt mehr, als du denkst", sagte Brandt, als Katharina und er in einem kleinen Café saßen. „Vor einigen Jahren wurde ein Mann ermordet, der in eine ähnliche Kunstfälschung verwickelt war. Und der Mord führte uns zu Keller. Doch niemand hat ihn jemals mit dem Tod in Verbindung gebracht, und es gab nie genügend Beweise."

Katharina war fassungslos. „Aber wie kann das möglich sein?"

Brandt starrte sie an, seine Miene ernst. „Das Bild, das du jetzt hast, könnte der Schlüssel zu all dem sein. Und vielleicht ist Keller mehr in den Mord verwickelt, als er zugibt."

Katharina und Brandt setzten ihre Ermittlungen fort, während sie immer tiefer in die dunklen Winkel der Münchener Kunstszene vordrangen. Es stellte sich heraus, dass Leonard Keller nicht nur ein Talent für Malerei hatte, sondern auch ein Talent für Täuschung. In den letzten Jahren hatte er eine Reihe von wertvollen Kunstwerken gefälscht, die über verschiedene Kanäle in den Handel kamen. Doch als er versuchte, sich aus den Fängen der kriminellen Welt zu befreien, stieß er auf ein tödliches Geheimnis.

Schließlich fanden sie heraus, dass der ermordete Mann, der angeblich Keller erpresst hatte, ein langjähriger Geschäftspartner war, der versuchte, Keller mit einer Sammlung gefälschter Werke zu erpressen. Doch Keller hatte den Mann getötet, um seine Geheimnisse zu bewahren. Das gestohlene Bild, das Katharina erhalten hatte, war Teil des Beweises, der Keller verraten würde.

In einem dramatischen Showdown stellte sich Leonard Keller den Ermittlern und gab schließlich den Mord zu, um seine Freiheit zu erlangen. Doch seine wahre Strafe lag in den Konsequenzen seines Verrats an der Kunstwelt.

Am Ende war es nicht nur die Wahrheit über das Gemälde, die ans Licht kam, sondern auch das dunkle, verlorene Geheimnis eines Künstlers, der einst für seine Genialität gefeiert worden war. Katharina Vogt wusste, dass sie den richtigen Weg eingeschlagen hatte, aber der Preis war hoch. Der Fall des Malers von München würde sie noch lange verfolgen, in den stillen Räumen der Galerie und in den düsteren Gassen, die sie durchschritten hatte.

The Painter of Munich

Katharina Vogt had roamed the art world of Munich for years, with a sharp eye and a fine sense for the true values behind the paintings. As a successful art dealer, she knew every corner of the city, every exhibition, and every studio. But when she received the painting from one of her wealthiest clients – a painting that was supposed to be a valuable heirloom – she instinctively felt that something was wrong.

It was a rainy afternoon when Katharina Vogt looked at the painting in her gallery. The generous patron who had donated the work was a man of great influence, moving in the high circles of Munich. Yet Katharina was convinced that the painting was not what it seemed. The colors, the brushstrokes – everything felt artificial. It was too perfect, too smooth. Something about it was fake.

"It's a forgery," she murmured quietly to herself as she studied the painting again. The signature of the painter, Leonard Keller, was clear, but something about the execution left her unsettled. She knew the painter well, but something in this work was wrong.

Determined to get to the bottom of it, Katharina turned to her contacts in the art world. Soon, she heard of a secret, dark corner of the Munich art scene – a world where forgeries were traded and kept hidden. But in this world, there was more than just a suspicious painting concealed.

Leonard Keller was a man of many faces. A former star of the Munich art scene, he had gradually retreated from the public eye. He lived in a remote studio outside the city that seemed like a hidden temple of madness. Keller had a reputation for being driven by his own demons, and his works always had a dark, almost eerie quality. It was said that in recent years, he had worked increasingly in isolation, but no one truly knew what went on behind his closed doors.

Katharina had met Keller years ago when he was still an emerging artist. Now, he was a shadow of his former self, rarely leaving his studio. But she had to find him to learn if he was involved in the forgery. She set off to find him.

When Katharina entered Leonard Keller's studio, she was greeted by a heavy smell of oil and paint. The room was chaotic, the walls covered with half-finished paintings. Keller sat at a table, surrounded by crumpled paper and old sketches.

"Katharina," he said, without moving. "I knew you would show up again. You've always been after the truth, haven't you?"

"It's about the painting that was sent to me," she replied calmly. "The one you supposedly painted. Something is wrong with it, Leonard. I think it's a forgery."

Leonard Keller slowly turned to face her. "A forgery?" he repeated. "And you think I had something to do with it?"

Katharina nodded. "There are things that make me doubt your style. But even more, there are rumors I've heard. Of missing paintings. Of forgeries. And a murder."

His expression darkened. "Murder?" he said quietly. "The painting... it's not what you think. But there are things you don't want to know."

Before Katharina could respond, she heard a noise behind her. A door opened, and another man stepped in – Inspector Felix Brandt, a detective Katharina knew from previous cases.

"Katharina Vogt?" Brandt asked, his voice sharp. "We need to talk."

Felix Brandt had spent many years in the police force, but this case was different. The connection between art, forgery, and murder was a dangerous game, and he couldn't ignore the trail leading deeper into the dark history of the painter Leonard Keller.

"There's more than you think," Brandt said as he and Katharina sat in a small café. "A few years ago, a man was murdered, who was involved in a similar art forgery. And the murder led us to Keller. But no one ever linked him to the death, and there was never enough evidence."

Katharina was stunned. "But how is that possible?"

Brandt stared at her, his expression serious. "The painting you have now could be the key to all of this. And maybe Keller is more involved in the murder than he admits."

Katharina and Brandt continued their investigation, delving deeper into the dark corners of Munich's art scene. It turned out that Leonard Keller had not only a talent for painting but also a talent for deception. In recent years, he had forged a number of valuable artworks that had entered the market through various channels. But when he tried to escape the grip of the criminal world, he stumbled upon a deadly secret.

Finally, they discovered that the murdered man, who had supposedly blackmailed Keller, was a long-time business partner who had tried to extort Keller with a collection of forged works. But Keller had killed the man to protect his secrets. The stolen painting that Katharina had received was part of the evidence that would expose Keller.

In a dramatic showdown, Leonard Keller faced the investigators and finally confessed to the murder in order to gain his freedom. But his true punishment lay in the consequences of his betrayal of the art world.

In the end, it wasn't just the truth about the painting that came to light, but also the dark, lost secret of an artist who had once been celebrated for his genius. Katharina Vogt knew she had followed the right path, but the price was high. The case of the Painter of Munich would haunt her for a long time, in the quiet rooms of the gallery and in the shadowy alleys she had walked through.

Schwarze Rosen

Es war ein grauer Nachmittag im späten Herbst, als Maria Lehner, Floristin aus dem kleinen bayerischen Ort Klingenbach, mit einem schweren Strauß schwarzer Rosen die Tür des alten, verwitterten Hauses von Franziska Berger öffnete. Der Duft der Blumen war ungewöhnlich stark, fast erdrückend, und schien im kalten Wind, der durch die Gassen wehte, umso intensiver. In diesem Dorf war jeder Tag von einer unterschwelligen Spannung erfüllt, doch an diesem speziellen Tag, dem Tag von Friedrich Bergers Beerdigung, war die Atmosphäre besonders düster.

Maria hatte schon viele Sträuße zu Beerdigungen geliefert, aber dieser Auftrag war anders. Die schwarze Rose, ein Symbol der Trauer und des Abschieds, war selten gefragt. Doch der Bestellende, ein unbekannter Kunde, bestand darauf. Sie hatte sich nicht viel dabei gedacht, als sie die Blumen auswählte, doch der Moment, als sie den Strauß in die Hände der Witwe legte, ließ etwas in ihr aufkeimen, das sie nicht ignorieren konnte.

„Für dich, Frau Berger", sagte Maria leise, als sie die Tür des Hauses öffnete und in das düstere Foyer trat. „Ein Strauß für die letzten Abschiede."

Franziska Berger, eine elegante, aber tief erschöpfte Frau in ihren frühen Sechzigern, nahm den Strauß ohne ein Wort entgegen. Ihre Augen waren rot von den Tränen der vergangenen Tage, doch als sie die schwarzen Rosen betrachtete, schien sich etwas in ihrem Blick zu verändern. Sie stellte den Strauß auf den Tisch, wo er die gleiche schockierende Farbe wie die düsteren Schatten im Raum hatte.

„Ich danke Ihnen", sagte sie schließlich, ihre Stimme rau. „Würden Sie sich einen Moment setzen, Maria? Ich möchte mit Ihnen sprechen."

Die Witwe wies Maria in ein kleines Wohnzimmer, das mit schweren Vorhängen und antiken Möbeln ausgestattet war. Maria setzte sich unsicher auf den Stuhl, während Franziska langsam den Raum umrundete und dann, nach einem langen Moment, sprach.

„Es gibt Dinge, die hier in Klingenbach nicht erzählt werden", begann Franziska. Ihre Stimme zitterte leicht. „Die Vergangenheit meines Mannes war nicht so sauber, wie es immer schien. Friedrich hatte Feinde. Feinde, die ich nicht kannte... bis jetzt."

Maria spürte, wie ihr Herz schneller schlug. Die Atmosphäre im Raum hatte sich verändert, als wäre etwas Dunkles in die Stille eingetreten. „Was meinen Sie genau?" fragte sie vorsichtig.

„Es geht um das alte Familiengeheimnis", sagte Franziska und setzte sich auf das Sofa. „Friedrichs Familie war seit Generationen im Zwist mit der Familie Huber. Und dieser Zwist... dieser alte, verfluchte Streit, hat uns alle hier gefangen genommen. Du hast den Strauß von schwarzen Rosen geliefert, aber ich habe immer gewusst, dass es mehr hinter diesem Tod gibt als nur das offensichtliche. Friedrich... er wurde ermordet."

Maria war sprachlos. Was sie für eine gewöhnliche Lieferung gehalten hatte, entpuppte sich als der Schlüssel zu einem tiefen Geheimnis, das lange unter der Oberfläche des kleinen bayerischen Dorfes verborgen war. Sie hatte immer gewusst, dass es Spannungen zwischen den Familien Berger und Huber gab, doch dass der Mord an Friedrich Berger mit dieser alten Fehde zusammenhing, war ihr neu.

In den folgenden Tagen kam Maria immer wieder zu Besuch, als eine Art ungewollte Ermittlerin, die versuchte, ein Mosaik aus Gerüchten, verschwundenen Erbstücken und Familiengeheimnissen zusammenzusetzen. Sie sprach mit den Dorfbewohnern, besuchte das lokale Archiv und suchte nach Hinweisen, die die Geschichte des Mordes und der Feindschaft erklären könnten. Doch je mehr sie herausfand, desto verworrener wurde die Geschichte.

Am dritten Tag nach dem Begräbnis traf Maria auf Jonas Huber, den Enkel von Friedrichs erbittertem Rivalen, dem verstorbenen Albert Huber. Jonas war ein junger, ambitionierter Anwalt, der vor kurzem nach Klingenbach zurückgekehrt war, um das Erbe seines Großvaters zu regeln. Er war elegant gekleidet und hatte den scharfen Blick eines Mannes, der nicht nur mit der Vergangenheit seiner Familie konfrontiert war, sondern auch mit der komplexen Zukunft, die vor ihm lag.

„Sie sind also die Floristin, die den Strauß geliefert hat", sagte Jonas, als er Maria in der Dorfbibliothek traf, wo sie weitere Nachforschungen anstellte. „Frau Berger hat mir von Ihnen erzählt. Sie haben Interesse an der Geschichte meines Großvaters und seiner Fehde mit den Bergers, nicht wahr?"

Maria nickte, überrascht, dass Jonas so offen war. „Ja. Ich habe das Gefühl, dass mehr hinter dem Tod Ihres Großvaters steckt. Etwas, das mit der Familie Berger zu tun hat."

„Es gibt Dinge, die nie erzählt werden sollten", antwortete Jonas mit einem bitteren Lächeln. „Aber vielleicht haben Sie recht. Vielleicht gibt es einen Zusammenhang."

Gemeinsam durchforsteten sie das Archiv und fanden Hinweise auf eine Reihe alter Dokumente, die eine geheim gehaltene Vereinbarung zwischen den Familien Berger und Huber aufdeckten. Die Fehde, die über Jahrzehnten geführt wurde, war viel tiefer als nur das, was die Dorfbewohner wussten. Es gab geheime Geschäfte, Erbstreitigkeiten und sogar alte Mordanschläge, die nie vollständig aufgeklärt worden waren.

In einer dramatischen Wendung stellte sich heraus, dass der Mord an Friedrich Berger nicht das Ergebnis eines zufälligen Streits war, sondern Teil eines Plans, der tief in der Vergangenheit verwurzelt war. Jonas Huber, der in den Ermittlungen eine Schlüsselrolle gespielt hatte, entdeckte, dass ein entferntes Familienmitglied von ihm selbst – ein verbitterter Onkel – der eigentliche Drahtzieher des Mordes war. Dieser hatte das Erbe der Familie Huber für sich beansprucht und wollte Friedrich Berger aus dem Weg räumen, um die Kontrolle über das Land und das Vermögen beider Familien zu erlangen.

Die schwarzen Rosen, die Maria geliefert hatte, waren nicht nur ein Symbol der Trauer, sondern auch ein Zeichen der Rache – die Blumen standen für die dunkle Vergangenheit der beiden Familien, die nun endlich ans Licht kam.

Am Ende war es nicht nur ein Mord, der aufgeklärt wurde, sondern das lange verdrängte Erbe eines jahrzehntelangen Familienkonflikts, der endlich ein Ende fand. Maria Lehner, die zunächst nur die Floristin war, wurde unwissentlich zu einer der entscheidenden Personen in diesem Drama, das das kleine bayerische Dorf für immer verändern sollte.

Mit der Auflösung des Geheimnisses verschwand die Dunkelheit über Klingenbach, doch das Gewicht der Vergangenheit blieb. Maria hatte das Gefühl, dass sie nun ein Stück von sich selbst verloren hatte – aber auch ein Stück von der Wahrheit gewonnen. Und während sie sich von der Witwe Franziska Berger verabschiedete, wusste sie, dass das kleine Dorf nie wieder dasselbe sein würde.

Black Roses

It was a gray afternoon in late autumn when Maria Lehner, a florist from the small Bavarian village of Klingenbach, opened the door of the old, weathered house of Franziska Berger, carrying a heavy bouquet of black roses. The scent of the flowers was unusually strong, almost suffocating, and seemed even more intense in the cold wind that swept through the streets. In this village, every day was filled with an underlying tension, but on this particular day, the day of Friedrich Berger's funeral, the atmosphere was especially grim.

Maria had delivered many bouquets to funerals, but this order was different. The black rose, a symbol of mourning and farewell, was rarely requested. However, the customer, an unknown individual, insisted on it. She hadn't thought much of it when choosing the flowers, but the moment she handed the bouquet to the widow, something stirred inside her that she couldn't ignore.

"For you, Mrs. Berger," Maria said quietly, as she opened the door to the house and stepped into the gloomy foyer. "A bouquet for the final farewells."

Franziska Berger, an elegant but deeply weary woman in her early sixties, took the bouquet without a word. Her eyes were red from the tears of the past few days, but as she looked at the black roses, something seemed to shift in her gaze. She placed the bouquet on the table, where it had the same shocking color as the somber shadows in the room.

"Thank you," she finally said, her voice rough. "Would you sit for a moment, Maria? I'd like to talk to you."

The widow motioned for Maria to sit in a small living room, furnished with heavy curtains and antique furniture. Maria sat uncertainly on a chair while Franziska slowly walked around the room, then, after a long moment, spoke.

"There are things here in Klingenbach that are never told," Franziska began. Her voice trembled slightly. "My husband's past wasn't as clean as it always seemed. Friedrich had enemies. Enemies I didn't know... until now."

Maria felt her heart beat faster. The atmosphere in the room had shifted, as though something dark had entered the silence. "What do you mean exactly?" she asked cautiously.

"It's about the old family secret," Franziska said, sitting down on the sofa. "Friedrich's family had been in conflict with the Huber family for generations. And that conflict... that old, cursed feud, has trapped us all here. You delivered the bouquet of black roses, but I've always known there's more to this death than just the obvious. Friedrich... he was murdered."

Maria was speechless. What she had thought to be a simple delivery turned out to be the key to a deep secret long buried beneath the surface of the small Bavarian village. She had always known there were tensions between the Berger and Huber families, but that Friedrich Berger's murder was tied to this old feud was new to her.

In the following days, Maria continued to visit, almost as an unwitting investigator, trying to piece together a mosaic of rumors, missing heirlooms, and family secrets. She spoke with the villagers, visited the local archives, and searched for clues that might explain the story of the murder and the enmity. But the more she uncovered, the more convoluted the story became.

On the third day after the funeral, Maria met Jonas Huber, the grandson of Friedrich's bitter rival, the late Albert Huber. Jonas was a young, ambitious lawyer who had recently returned to Klingenbach to handle his grandfather's estate. He was elegantly dressed and had the sharp look of a man not only facing the past of his family but also a complex future ahead of him.

"So, you're the florist who delivered the bouquet," Jonas said when he met Maria in the village library, where she was doing more research. "Mrs. Berger has told me about you. You're interested in the history of my grandfather and his feud with the Bergers, aren't you?"

Maria nodded, surprised by how open Jonas was. "Yes. I have a feeling there's more to your grandfather's death. Something to do with the Berger family."

"There are things that should never be told," Jonas replied with a bitter smile. "But maybe you're right. Maybe there is a connection."

Together, they sifted through the archives and found clues to a series of old documents that revealed a secret agreement between the Berger and Huber families. The feud that had lasted for decades was much deeper than what the villagers knew. There had been secret deals, inheritance disputes, and even old murder attempts that had never been fully resolved.

In a dramatic twist, it was revealed that Friedrich Berger's murder was not the result of a random argument, but part of a plan rooted deeply in the past. Jonas Huber, who had played a key role in the investigation, discovered that a distant relative of his—a bitter uncle—was the true mastermind behind the murder. This uncle had claimed the Huber family inheritance for himself and wanted to remove Friedrich Berger in order to gain control of the land and wealth of both families.

The black roses Maria had delivered were not just a symbol of mourning; they were also a sign of revenge—the flowers represented the dark past of the two families, which had now finally come to light.

In the end, it wasn't just a murder that was solved, but the long-repressed legacy of a decades-long family conflict that was finally brought to an end. Maria Lehner, who had initially been just the florist, unwittingly became one of the key figures in this drama that would forever change the small Bavarian village.

With the mystery resolved, the darkness over Klingenbach lifted, but the weight of the past remained. Maria felt as though she had lost a piece of herself—but also gained a piece of the truth. And as she said goodbye to the widow Franziska Berger, she knew that the small village would never be the same again.

www.ingramcontent.com/pod-product-compliance
Lightning Source LLC
Chambersburg PA
CBHW051352150726
48000CB00003B/1150